Animales de la tundra

Fauna del bioma

Lisa Colozza Cocca
y Santiago Ochoa

Rourke

CONEXIONES de la ESCUELA a la CASA
DE ROURKE

ANTES Y DURANTE LAS ACTIVIDADES DE LECTURA

Antes de la lectura: *Desarrollo del conocimiento del contexto y el vocabulario*

Construir el conocimiento del contexto puede ayudar a los niños a procesar la información nueva y a usar la que ya conocen. Antes de leer un libro, es importante utilizar lo que ya saben los niños acerca del tema. Esto los ayudará a desarrollar su vocabulario e incrementar su comprensión de la lectura.

Preguntas y actividades para desarrollar el conocimiento del contexto:

1. Ve la portada del libro y lee el título. ¿De qué crees que trata este libro?
2. ¿Qué sabes de este tema?
3. Hojea el libro y echa un vistazo a las páginas. Ve el índice, las fotografías, los pies de foto y las palabras en negritas. ¿Estas características del texto te dan información o ayudan a hacer predicciones acerca de lo que leerás en este libro?

Vocabulario: *El vocabulario es la clave para la comprensión de la lectura*

Use las siguientes instrucciones para iniciar una conversación acerca de cada palabra.

- Lee las palabras del vocabulario.
- ¿Qué te viene a la mente cuando ves cada palabra?
- ¿Qué crees que significa cada palabra?

Palabras del vocabulario:
- colonias
- excavan
- hibernan
- inactiva
- líquenes
- migrar
- precipitaciones
- presas
- subpelo
- subsuelo

Durante la lectura: *Leer para entender y conocer los significados*

Para lograr una comprensión profunda de un libro, se anima a los niños a que usen estrategias de lectura detallada. Durante la lectura, es importante hacer que los niños se detengan y establezcan conexiones. Esas conexiones darán como resultado un análisis y entendimiento más profundos de un libro.

 ### Lectura detallada de un texto

Durante la lectura, pida a los niños que se detengan y hablen acerca de lo siguiente:

- Partes que sean confusas.
- Palabras que no conozcan.
- Conexiones texto a texto, texto a ti mismo, texto al mundo.
- La idea principal de cada capítulo o encabezado.

Anime a los niños a usar las pistas del contexto para determinar el significado de las palabras que no conozcan. Estas estrategias los ayudarán a aprender a analizar el texto más minuciosamente mientras leen.

Cuando termine de leer este libro, vaya a la penúltima página para ver las **Preguntas relacionadas con el contenido** y una **Actividad de extensión**.

Índice

Biomas 4
Fuera de casa 7
Resguardados 16
Hibernación 22
Miembros a tiempo parcial 24
Actividad: Haz una bota mejor 29
Glosario 30
Índice alfabético 31
Preguntas relacionadas con el contenido 31
Actividad de extensión 31
Acerca de la autora 32

Biomas

Un bioma es una gran región de la Tierra con seres vivos que se han adaptado a las condiciones de esa región.

Los biomas de la tundra son regiones frías y secas. Pocos reptiles o anfibios viven en los biomas de la tundra porque son demasiado fríos.

☐ = Tundra

¿Sabías que?

Las plantas de la tundra incluyen arbustos cortos, hierbas, flores, musgos y **líquenes**. El ciclo de crecimiento es corto: menos de dos meses.

La tundra ártica está situada alrededor del Polo Norte. Los veranos son fríos y los inviernos helados. Hay pocas **precipitaciones**.

La capa superior del suelo en la tundra ártica pasa por un ciclo de congelación y descongelación. Debajo de la capa superior del suelo hay una capa de permafrost. Se trata de una capa de **subsuelo** que ha permanecido congelada durante al menos dos años.

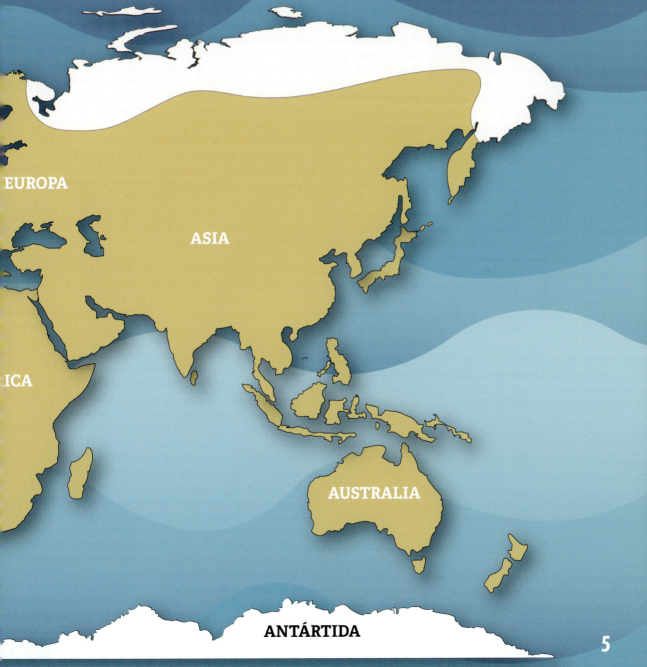

La tundra alpina está situada por encima de la línea de árboles en montañas altas y frías. Los veranos son frescos y los inviernos fríos. Hay menos precipitaciones aquí que en la tundra ártica.

Fuera de casa

A pesar de las duras condiciones, muchos animales permanecen activos todo el año. Los osos polares viven en la tundra ártica. Su gran tamaño, su espeso pelaje blanco y su gruesa capa de grasa reducen la pérdida de calor. Bajo el pelaje blanco hay una capa de piel negra que absorbe el calor del Sol.

El pelaje de las plantas de los pies permite a los osos polares agarrarse mejor al caminar sobre el hielo y les ayuda a mantener las patas calientes. Sus patas también están palmeadas para nadar en el océano.

El pelaje blanco del oso polar se confunde con la nieve y el hielo. Esto hace que sus **presas** no lo vean venir. El oso se alimenta principalmente de focas, pero también come peces y otros mamíferos.

¿Sabías que?
El oso polar no necesita preocuparse por esconderse de los depredadores. Es tan grande que no tiene depredadores naturales en la tundra.

Los bueyes almizcleros también viven en la tundra ártica. Su pelo largo y desgreñado y su **subpelo** grueso y lanoso los mantienen calientes en invierno. En verano, se les cae el subpelo.

¿Sabías que?

Los bueyes almizcleros trabajan en comunidad cuando se ven amenazados. Forman un círculo alrededor de sus crías y se posicionan con sus afilados cuernos apuntando hacia afuera. Si es necesario, cargan contra los depredadores con gran fuerza.

Los bueyes almizcleros se alimentan de plantas. En verano, comen flores y hierbas. En invierno, cavan en la nieve con sus pezuñas para alcanzar raíces, musgos y líquenes.

Los zorros árticos viven en los biomas de la tundra ártica y alpina. Su grueso pelaje es café en verano y blanco en invierno. Sus patas se mantienen calientes gracias a sus peludas plantas. En caso de ventisca, **excavan** en la nieve en busca de refugio.

El zorro ártico puede oír a su presa moverse bajo la nieve y conocer su ubicación exacta. Entonces, el zorro se abalanza sobre la nieve, la atraviesa y se posa sobre su presa. En la tundra ártica, el zorro también seguirá a un oso polar y se comerá sus sobras.

Los íbices son cabras salvajes de pies firmes. Estos fuertes saltadores viven en los biomas de la tundra alpina. Tienen un pelaje grueso de color café a gris. Los machos tienen barba y cuernos curvados.

En verano, buscan plantas para comer por la mañana y por la noche. El íbice descansa durante la parte más cálida del día. En invierno, la comida es más difícil de encontrar, por lo que los íbices la buscan durante todo el día.

Resguardados

Algunos animales de la tundra viven principalmente bajo tierra. El lemino es un pequeño animal parecido al ratón de la tundra ártica. Su grueso y áspero pelaje le ayuda a mantenerse caliente. Este herbívoro tiene dientes afilados para comer raíces duras.

En verano, el lemino se desplaza por un laberinto de túneles y pasadizos entre las plantas del suelo. En invierno, sus garras se alargan para poder cavar túneles en la nieve.

animales nocturnos cavan guaridas y túneles debajo de la tierra. Los armiños utilizan sus agudos sentidos para cazar. Pueden oler a las liebres y a los roedores, oír a los insectos y ver a los peces por la noche.

¿Sabías que?
El armiño debe comer todos los días, por lo que construye una habitación extra en su madriguera para almacenar comida.

Las hembras cazan principalmente debajo de la tierra, donde están más seguras. Los machos pasan mucho tiempo cazando en la superficie y a menudo son atrapados por los depredadores.

Los picas también viven en la tundra alpina. Estos mamíferos son de la misma familia que los conejos. Tienen el cuerpo en forma de huevo y un pelo grueso y grisáceo. Sus dedos están acolchados para correr sobre las rocas.

¿Sabías que?
Los picas chillan «ik» para avisar a otros picas que hay un depredador cerca.

Los picas viven en grupos llamados **colonias** en madrigueras subterráneas. En verano, salen durante las horas más frescas del día en busca de plantas para comer. Almacenan la comida extra en montones llamados *pajares*. Al final del verano, trasladan los pajares a sus madrigueras.

Hibernación

Algunos miembros de los biomas de la tundra **hibernan** para sobrevivir a las épocas más frías. El suslic ártico hiberna durante siete meses seguidos. En septiembre, se entierra unos tres pies (un metro) bajo tierra. Cada dos o tres semanas, tiembla y se sacude durante unas 15 horas. El movimiento no saca al suslic de la hibernación. Aumenta su temperatura corporal, para que no muera congelado.

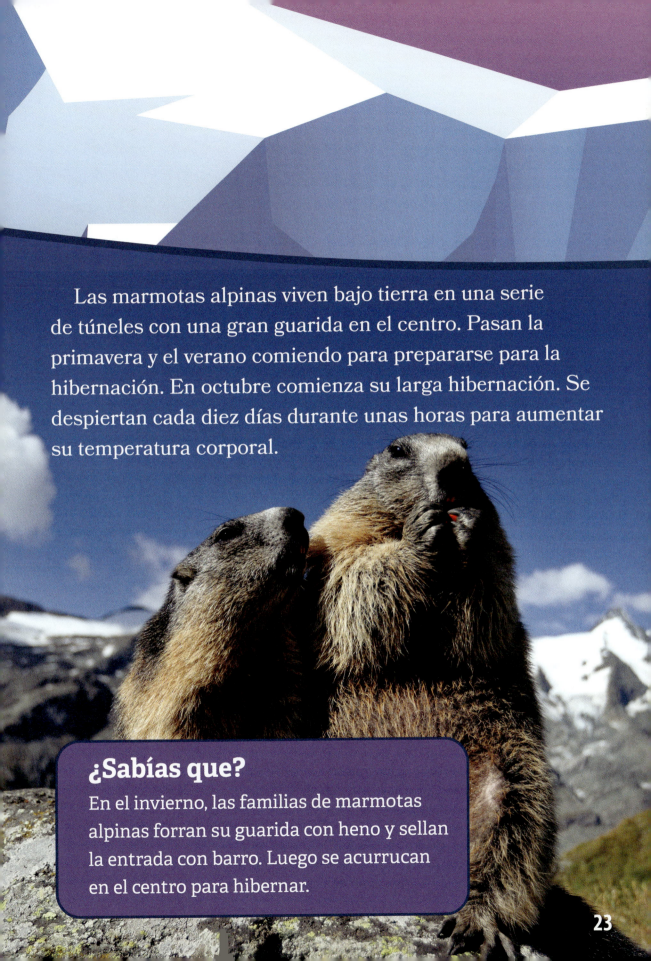

Las marmotas alpinas viven bajo tierra en una serie de túneles con una gran guarida en el centro. Pasan la primavera y el verano comiendo para prepararse para la hibernación. En octubre comienza su larga hibernación. Se despiertan cada diez días durante unas horas para aumentar su temperatura corporal.

¿Sabías que?

En el invierno, las familias de marmotas alpinas forran su guarida con heno y sellan la entrada con barro. Luego se acurrucan en el centro para hibernar.

Miembros a tiempo parcial

Muchos animales pueden sobrevivir en el bioma de la tundra solo durante una parte del año. Los abejorros del Ártico son más peludos que la mayoría de los abejorros. Su grueso pelaje los ayuda a mantener el calor corporal. Los grandes músculos de sus alas se mueven muy rápido para elevar su temperatura corporal.

La abeja reina produce muchas abejas reinas nuevas, pero normalmente solo una sobrevive. El resto de la colonia muere cuando termina el verano. La nueva abeja reina se traslada bajo tierra a un agujero de ratón. Permanece **inactiva** durante nueve meses antes de iniciar una nueva colonia de abejas.

¿Sabías que?

La tundra ártica solo tiene dos estaciones: el verano y el invierno. El verano dura solo uno o dos meses. El Sol brilla por casi 24 horas al día durante ese tiempo, pero el aire sigue siendo frío.

Los gansos de nieve se reproducen en la tundra ártica. Cavan nidos en la capa superior del suelo descongelado y ponen sus huevos. Una vez que los polluelos salen del cascarón, pueden nadar y comer por sí solos en 24 horas. Los gansos vuelan hacia el sur, a zonas más cálidas, al final del corto verano.

¿Sabías que?
El ganso de nieve tiene una línea negra que se extiende desde el pico hasta la cara. Esto hace que esta ave blanca parezca estar siempre sonriendo.

Los caribúes, o renos, pueden olfatear el liquen que está dos pies (61 centímetros) debajo de la nieve. Excavan la nieve con sus pezuñas y cuernos para alcanzar el alimento.

Durante los meses más fríos, los caribúes suelen **migrar** al sur, al bosque boreal, para encontrar comida. Regresan a la tundra en primavera.

Las duras condiciones de la tundra limitan el número de seres vivos que pueden establecer sus hogares allí. Sin embargo, incluso en la tundra ártica, que tiene el clima más frío de la Tierra, algunos animales se han adaptado para sobrevivir y prosperar en su desafiante bioma.

Actividad: Haz una bota mejor

Los inventores suelen buscar en la naturaleza ideas para mejorar las cosas que usamos a diario. Piensa en las diferentes pezuñas y patas que tienen los animales de la tundra. ¿Qué adaptaciones facilitan el desplazamiento por el suelo helado? Utiliza lo que has aprendido para diseñar una bota mejor que facilite a las personas caminar sobre el hielo sin resbalar ni caerse.

Qué necesitas

- molde para hornear
- agua
- papel y lápiz
- bloque de madera
- cinta adhesiva
- tijeras
- pedazos de piel y espuma para manualidades, borradores, corcho, bandas elásticas u otros materiales

Instrucciones

1. Llena el molde con agua y congélalo.
2. Utiliza el lápiz y el papel para diseñar una bota basada en los pies de los animales descritos en este libro y en los materiales de desecho que recogiste.
3. Imagina que el bloque es un pie. Corta materiales de desecho para cubrir el pie y hacer una bota.
4. Utiliza lazos de cinta adhesiva, con el lado pegajoso hacia afuera, para fijar los materiales al bloque.
5. Prueba el diseño de tu bota moviéndola por el molde de hielo.

Repite el experimento con diferentes diseños y materiales. ¿Cuál funcionará mejor para caminar sobre una superficie helada?

Glosario

colonias: Grupos de animales que viven juntos.

excavan: Que hacen un túnel o un agujero y se esconden en su interior.

hibernan: Que entran en un sueño profundo en el que el ritmo cardíaco y la respiración disminuyen y la temperatura baja.

inactiva: Estado de hibernación en el que las funciones corporales se hacen más lentas.

líquenes: Algas y hongos que crecen juntos en árboles, rocas y paredes.

migrar: Desplazarse de una zona a otra.

precipitaciones: Agua que cae de las nubes en forma de lluvia, nieve, aguanieve o granizo.

presas: Animales que son cazados por otros para alimentarse.

subpelo: Pelo corto o pelaje parcialmente cubierto por otro más largo en un mamífero.

subsuelo: Suelo que se encuentra debajo de la capa superior.

Índice alfabético

abejorros del Ártico: 24
armiño(s): 18
bueyes almizcleros: 10, 11
caribúes: 27
ganso(s) de nieve: 26
íbice(s): 14, 15
lemino: 16, 17
marmotas alpinas: 23
oso(s) polar(es): 7, 8, 9, 13
picas: 20, 21

Preguntas relacionadas con el contenido

1. ¿Por qué un oso polar no se preocupa por esconderse de los depredadores?
2. ¿Cómo eleva su temperatura corporal un abejorro del Ártico?
3. ¿Cómo sobrevive el suslic ártico a la hibernación?
4. ¿Por qué los armiños necesitan almacenar comida en sus guaridas?
5. ¿Por qué los íbices necesitan pasar todo el día cazando en invierno?

Actividad de extensión

Imagina que formas parte de un equipo de investigación que va a pasar un año en la tundra. Haz una lista de la ropa y los equipos que necesitarás para sobrevivir todo el año.

Acerca de la autora

Desde que tiene memoria, a Lisa Colozza Cocca le gusta leer y aprender cosas nuevas. Vive en Nueva Jersey, en la costa. ¡Siempre tiene frío y tiembla al pensar en la idea de pasar tiempo en la tundra! Puedes aprender más sobre Lisa y su obra en www.lisacolozzacocca.com (página en inglés).

© 2023 Rourke Educational Media

All rights reserved. No part of this book may be reproduced or utilized in any form or0 by any means, electronic or mechanical including photocopying, recording, or by any information storage and retrieval system without permission in writing from the publisher.

www.rourkebooks.com

PHOTO CREDITS: Cover and Title Pg ©PCH-Vector, ©RyersonClark, ©seanfboggs, ©Karine Patry, ©arlutz73; Pg 7, 16, 22, 24 ©PCH-Vector; Pg 3, 16, 29, 30, 32, ©RyersonClark; Pg 4 ©CarlaNichiata, ©ttsz; Pg 6 ©zanskar, ©longtaildog; Pg 8 ©Pascale Gueret; Pg 9 ©AndreAnita; Pg 10 ©sodar99, ©sarkophoto; Pg 11 ©Neil_Burton; Pg 12 ©SHIROFOTO, Pg 13 ©Dgwildlife; Pg 14 ©Dionell Datiles; Pg 15 ©guenterguni; Pg 16 ©kgleditsch; Pg 17 ©Frank Fichtmüller; Pg 18 ©Jean Landry, ©Mats Lindberg; Pg 20 ©Silfox, ©Jason Erickson; Pg 22 ©KADImages; Pg 23 ©mauribo; Pg 24 ©Marayapiraya | Dreamstime.com; Pg 26 ©By vagabond54, ©lightpix; Pg 28 ©lillitve

Editado por: Laura Malay
Diseño de la tapa e interior: Kathy Walsh
Traducción: Santiago Ochoa

Library of Congress PCN Data

Animales de la tundra/ Lisa Colozza Cocca
(Fauna del bioma)
  ISBN 978-1-73165-467-0 (hard cover)
  ISBN 978-1-73165-518-9 (soft cover)
  ISBN 978-1-73165-551-6 (e-book)
  ISBN 978-1-73165-584-4 (e-pub)
Library of Congress Control Number: 2022941046

Rourke Educational Media
Printed in the United States of America
01-0372311937